How Isabella Loves her Mommy!

¡Así es como Isabella ama a su mamá!

Written by: Sandra Cavazos Ayala
Illustrations by: Cindy Elizabeth Sherwood

Escrito por Sandra Cavazos Ayala
Ilustraciones de Cindy Elizabeth Sherwood

To order additional copies of this book, contact:
Xlibris
844-714-8691
www.Xlibris.com
Orders@Xlibris.com

ISBN: 979-8-3694-0550-5 (sc)
ISBN: 979-8-3694-0551-2 (e)

Library of Congress Control Number: 2023915209

Print information available on the last page

Rev. date: 01/17/2024

How Isabella Loves her Mommy!

¡Así es como Isabella ama a su mamá!

This book is dedicated to Olga, the best mother in the world.

Este libro está dedicado a Olga, la mejor madre del mundo.

This story is about an amazing daughter named Isabella. Isabella tries hard to show her mommy how much she loves her.

Isabella ends her day with satisfaction and happiness by doing things on her own and by showing her mom affection, respect and appreciation.

It is not easy, but it is possible.

Este cuento se trata de una asombrosa hija llamada Isabella. Isabella termina su día con satisfacción y alegría, haciendo cosas por su cuenta y mostrando a su madre, cariño, respeto y agradecimiento.

No es fácil, pero es posible.

Isabella shows her love for her mommy every morning with a hug and a KISS!

¡Por la mañana, Isabella demuestra su amor a su mamá con un beso y un abrazo!

4

Isabella announces, "Good morning, Mommy. I love you."

Mommy responds with a smile, "Good morning, Isabella. I love you more."

Isabella anuncia: "¡Buenos días, mamita; te amo!".

"Buenos días, Isabella. Yo te amo más", le responde su mamá sonriendo.

Isabella shows her love for her mommy by getting dressed and ready for school with a BIG SMILE!

Isabella le demuestra su amor a su mami vistiéndose y preparándose para ir a la escuela con una ¡GRAN SONRISA!

How should I do my hair
today for school?

Isabella wonders…

"¿Cómo me peinaré hoy para ir a la
escuela?", piensa Isabella…

"I'm ready for school, Mommy!" announces Isabella.

"Wonderful, Isabella! I'm so proud of you!" says Mommy.

"!Ya estoy lista para la escuela, mami!", exclama Isabella.

"Qué maravilla, Isabella, estoy tan orgullosa de ti", le contesta su mamá.

"Mommy, can you make me a bean and cheese taco for breakfast?" asks Isabella.

"Sure, would you like it with a corn tortilla or with a flour tortilla?" asks Mommy.

"Flour tortilla, please," responds Isabella.

"Mami, ¿me puedes preparar un taquito de frijoles refritos con queso para mi desayuno?", pregunta Isabella.

"¡Claro que sí!, ¿te gustaría con tortilla de maíz o de harina?", le pregunta mamá.

"Me gustaría con tortilla de harina, por favor", responde Isabella.

Isabella eats her bean and cheese taco and drinks her juice quickly so that she won't be late for school.

Gently, Isabella places her plate and glass in the kitchen sink and grabs her backpack.

Isabella gets in the backseat of her mom's car, buckles-up, and off to school they go...

Isabella come su taco de frijoles con queso y se toma su jugo rápidamente para no llegar tarde a la escuela.

Con cuidado, Isabella pone su plato y su vaso en el fregadero de la cocina, y agarra su mochila. Isabella se sube al carro de su mamá, se abrocha el cinturón, y salen para la escuela...

Isabella greets her teacher with a good morning smile and begins her schoolwork.

Isabella loves her reading class.

Some of her favorite books are about flowers.

"Buenos días", le sonríe Isabella a su maestra y empieza sus labores escolares.

A Isabella le encanta su clase de lectura. Algunos de sus libros favoritos son los que tratan sobre flores.

Isabella thinks of her mommy at school during lunch time.

Isabella piensa en su mamá durante la hora de la comida.

Thanks, Mommy. You packed my favorite chicken envueltos.

Gracias, mami, por hacerme mis envueltos de pollo favoritos.

Isabella is happy to see her mommy when mommy picks her up at school.

Isabella está feliz de ver a su mamá cuando la recoge en a la escuela.

"Hi, Mommy! How was your day?"
Isabella asks.

"I had a great day, Isabella.

How was your day?" asked Mommy.

"Well, I had a few problems with math today, but at the end, I figured it out," explained Isabella.

"Good for you!" cheered Mommy.

"¡Hola, mami! ¿Cómo fue tu día?",
pregunta Isabella.

"Yo tuve un gran día,

¿cómo te fue hoy a ti?", pregunta

mamá.

"Bueno, tuve algunos problemas con
las matemáticas hoy, pero al final, lo
resolví", explicó Isabella.

"!Me alegro por ti!", la animó mamá.

Isabella appreciates her mommy at supper time by enjoying a tasty fideo soup.

Isabella aprecia a su mami a la hora de la cena mientras disfrutan de una sabrosa sopa de fideo.

Isabella is happy that there is no homework tonight!

Isabella whispers, "I love you, Mommy!" as she gives her mommy a hug.

Isabella está feliz porque no hay tarea esta noche.

Isabella le da un abrazo a su mamita y le susurra: " ¡Te quiero mucho, mami!".

Now it's time to have fun! Isabella and her mom go to the park, feed the deer and walk on the trail. Isabella and her mommy have a great time enjoying nature!

"Mommy, can you run as fast as I can?" Isabella asked, as she ran ahead.

"Not as fast as you can. Slow down so I can catch up to you," hollers Mommy.

Ya es hora de hacer algo divertido. Isabella y su mamá caminan por el parque, disfrutando del aire fresco, y les brindan comida a los venados.

"¿Puedes correr tan rápido como yo, mami?", pregunta Isabella mientras corre por delante.

"¡No, no puedo correr tan rápido como tú! Corre un poco más despacio para poder alcanzarte", grita mamá.

It's been a long day!

What does Isabella do next?

It's time to get ready for bed. It's bubble bath time!

"Don't forget to brush your teeth," Mommy reminds her.

"Yes, Mommy, but first my bubble bath with my rubber duckies."

¡Ha sido un largo día!

¿Qué hace ahora Isabella?

¡Es tiempo de prepararnos para dormir!
¡Un baño de burbujas para Isabella!

"No olvides cepillarte los dientes", le
recuerda su mamita.

"¡Sí, mami, pero primero mi baño
jugando con mis patitos de hule!".

After they finished reading her favorite book together, Isabella smiles at her mommy. "Thank you, Mommy! I had an amazing day!"

"I'm happy that you had an amazing day," replied Mommy.

Al terminar de leer su libro favorito, Isabella le da gracias a su madre y le dice: "Gracias, mami, ¡tuve un día increíble!".

Su mamá le contesta: "!Qué gusto me da saber que tuviste un día increíble!".

"Good night, Mommy, I love you," says Isabella and she gives her mom a good night kiss.

Mommy says, "Good night, pleasant dreams. I want you to know that all the things you did and told me today have showed how much you love me."

Mommy gives Isabella a goodnight kiss.

"Buenas noches, mamita. ¡Te quiero!",
dice Isabella y le da un besito.

Su madre le dice: "¡Buenas noches,
que tengas sueños agradables! Quiero
que sepas que todo lo que hiciste y me
dijiste hoy han demostrdo lo mucho
que me quieres".

Y su mamita también le da un besito de
buenas noches.

This is how Isabella showed her love for her mommy today!

¡Así es como Isabella mostró su amor por su mamá hoy!

How do you show
your love
for your mommy?

Y tú, ¿cómo muestras tu amor por tu mamá?

Key words:

ANNOUNCES: To inform or let someone know something.

DECLARES: To say or communicate something.

PROUD: Pleased or happy about something or someone.

BEAN AND CHEESE TACO: A tortilla filled with refried beans and cheese.

CHICKEN ENVUELTOS: Soft corn tortillas rolled and filled with shredded chicken.

APPRECIATES: Think highly of someone or something.

WHISPERS: To speak or say softly.

BUBBLE BATH: A tub bath in which bubbles are made with a special type of soap.

AMAZING: Something awesome or remarkable.

DEMONSTRATE: Show or display.

Palabras de interés:

__ANUNCIA__: Informar o dejarle saber algo a alguien.

__DECLARA__: Decir o comunicar algo.

__ORGULLOSA__: Satisfecha o feliz acerca de algo.

__TACO DE FRIJOLES CON QUESO__: Tortilla rellena de frijoles refritos con queso.

__ENVUELTOS DE POLLO__: Tortillas de maíz rellenas de pollo.

__APRECIAR__: Reconocer y estimar el mérito de alguien o de algo.

__SUSURRA__: Hablar en voz baja.

__BAÑO DE BURBUJAS__: Agua con burbujas de algún jabón especial en una bañera.

__FABULOSO__: Algo increíble o asombroso.

__MUESTRA__: Enseñar o mostrar.

Activities:

Activity # 1
Oral activity:
After reading the last page in the story, parents, teachers, or librarians will give children the opportunity to answer the question by thinking of ways they demonstrate their love towards their mother or caregiver. Children are given the opportunity to express themselves orally.

Activity # 2
Writing activity:
Children will write 4 sentences to express how they love their mother, parent, or caregiver.

(Ex. I show my mother love by picking up my toys.)

Activity # 3
Art Activity:
Children will be given an opportunity to express themselves by drawing a picture of them doing something that will show their love for their mother, parent or caregiver.

Actividades:

Actividad #1
Actividad oral:
Después de leer la última página, los lectores, maestros o bibliotecarios les darán a los niños la oportunidad de responder cómo demuestran su amor a su madre, padre o tutor. Los niños tendrán la oportunidad de expresarse oralmente.

Actividad #2
Actividad de escritura:
Los niños escribirán 4 oraciones para expresar cómo aman a su madre, padre o tutor.

(Ej. Le muestro amor a mi madre al recoger mis juguetes).

Actividad #3
Actividad artística:
Los niños tendrán la oportunidad de expresarse haciendo un dibujo de ellos haciendo algo que muestre su amor por su madre, padre o tutor.

About the Illustrator

Cindy Elizabeth Sherwood

I was born in San Antonio, Texas, and have lived most of my life in Laredo, Texas. My husband Roger and I have four beautiful daughters, amazing sons-in- law, and a beautiful granddaughter. In 2004, I began my educational career teaching fourth grade and the last 4 years of my career, I taught art at the middle school level.

I am a pastor at the New Creation Family Church in Laredo, Texas alongside my husband. Presently, I am a full-time student at Charis Bible College. It was an honor to illustrate this beautiful children's book and use the God given gift the Lord gave me.

Cindy Elizabeth Sherwood

Nací en San Antonio, Texas, y he vivido la mayor parte de mi vida en Laredo, Texas. Mi esposo Roger y yo tenemos cuatro hermosas hijas, yernos increíbles y una nieta hermosa. Fui maestra de cuarto grado de primaria, desde el 2004 y los últimos 4 años de mi carrera educativa fui maestra de arte en una escuela secundaria. Soy pastora de la Iglesia familiar de nueva creación en Laredo, Texas, junto con mi esposo. Además, soy estudiante en Charis Bible College.

Fue un honor ilustrar este hermoso libro para niños y usar el regalo que Dios me dio.

Printed in the United States
by Baker & Taylor Publisher Services